Original Title: Göttin des Alltags

Copyright © 2023 Book Fairy Publishing
All rights reserved.

Editors: Theodor Taimla
Autor: Isabella Ilves
ISBN 978-9916-39-331-4

Göttin des Alltags

Isabella Ilves

Schmerzhafte Schönheit

In deinem Glanz verbirgt sich eine Narbe,
Ihr Echo hallt durch jede stille Nacht,
Harte Wahrheit mit sanfter Garbe,
Ein versteckter Schmerz mit Schönheit dicht gemacht.

Wie Blumen, die in Dunkelheit erblühen,
In ihrer Sehnsucht, ihre Wunden zu verhüllen,
So ist deine Anmut, nie zu fliehen,
Und in ihrem Licht lassen wir uns stillen.

Stille Explosion des Gewöhnlichen

Ein Laubblatt fällt, in Stille verwoben,
Explosion des Gewöhnlichen, kaum bemerkt,
Das Unerwartete von Gottes Hand erhoben,
Im Alltäglichen ist Wunderwerk versteckt.

Ein Vogel singt, die Melodie fließt sanft,
Im Windeshauch, unsichtbar, doch real,
Die Magie der Natur, zart verbannt,
In der stille Explosion, zeitlos und ideal.

Dichter der Damasttage

Die Worte weben im Licht, ein Tanz,
Geschrieben auf den Seiten des Damastes,
Der Dichter fängt den Moment, die Balance,
Findet Trost in der Poesie und der Last.

Er ist der Dichter der beiden Tage,
Seine Verse drehen sich mit der Sonne,
Er spricht aus, was das Herz nicht wage,
In seiner Stimme ist jede Emotion eine Wonne.

Flüsternder Staub der Sterne

Flüstern des Staubs, aus Sternen geboren,
Weckt die Schönheit der dunklen Nacht,
Erzählt Geschichten, die im Himmel verloren,
In ihrer Stille sind Wunder gebracht.

Der Staub flüstert vom Universum die Sagen,
Erzählt von Feuer und Eis, Liebe und Schmerz,
Im geringsten Teil liegt die Antwort zu den Fragen,
Im flüsternden Staub finde das Herz.

Gedankenpoesie des Normalen

Gewöhnliche Tage, gleichförmig und klar,
Zwischen Arbeit und Schlaf, nichts Ungewohntes da.

Doch in dieser Einfachheit, tief in des Herzens Kluft,
Entsteht ruhig eine Poesie, voll sanfter Luft.

Sie erzählt von Hoffnung, im alltäglichen Brot,
Von der Freude des Seins, mehr als jede Not.

Sie spricht von all den Dingen, so normal und doch reich,
Sagt, das Glück liegt in der Hand, für jeden gleich.

Herzen aus Alltagshandlungen

Ein Herz geformt aus Alltagshandlungen,
Die Stille, der Lärm, das Leid und das Vergnügen.

In jedem Moment, zwischen all den Dingen,
Hört man das Herz des Lebens singen.

Einsamkeit und Gesellschaft, Lachen und Weinen,
Im Chaos des Alltags kann Liebe erscheinen.

An gewöhnlichen Tagen, in der stillsten Nacht,
Wird in simplen Handlungen die Liebe wach.

Funkelndes Grau

Grau mag das Dasein manchmal sein,
Doch siehst du nicht das Funkeln fein?

Blick hinaus in den wolkenverhangenen Tag,
Zwischen Schatten tanzt ein Lächeln, das man mag.

In der Dunkelheit, inmitten von allem Grau,
Entspringt ein wunderbares, warmes Tau.

Erkenne das Leben in seiner Pracht,
Selbst im Grau hat es seine Macht.

Im Schleier des Gewöhnlichen

Eingehüllt im Schleier des Gewöhnlichen,
Gehen wir unseren Weg, so scheinbar einfaches Hin und Her.

Doch in jedem gewöhnlichen Tag, in jeder Stunde,
Liegt ein Versprechen, verborgene Wunder.

Im Rhythmus des Alltäglichen, in der Stille der Nacht,
Eröffnet sich das Geheimnis, mit leiser Pracht.

So zart wie der Hauch des Morgens, so klar wie das Abendrot,
Lebt in jedem Augenblick, im Gewöhnlichen, das Groß.

Ein Lächeln in der Mittagsstunde

Im Liegen der Sonne, zu Mittagsgeschichte,
Ein Lächeln entsteht wie ein farbiges Licht.
Süß wie Honig, leise wie der Wind,
Es beruhigt die Seelen, macht fröhlich das Kind.

Eine Mittagsstunde, ein kurzer Moment,
Eine kurze Auszeit, die man Seligkeit nennt.
Das Lächeln einer Blume, das Lächeln der Zeit,
Es ist die Einfachheit, die wahre Heiterkeit.

Das Lächeln des Wassers, das Lächeln der Luft,
Es gibt uns eine Pause, es sendet eine Duft.
Dieses Lächeln in der Mittagsstunde,
Ist eine Freude, süß wie eine bunte Runde.

Die versteckten Juwelen des Gewöhnlichen

In der Einfachheit, in der Alltäglichkeit,
Verstecken sich Juwelen, voller Kraft und Dichte.
Die Stille eines Momentes, der Glanz eines Blicks,
Das ist das Gewöhnliche, das ist der wahre Glück.

Jeder Tag birgt in sich einen Schatz,
Unsichtbar und doch voller Glanz.
Er wird offenbart in den einfachsten Dingen,
In den stillen Momenten, die Freude bringen.

In der Stille, in der Einfachheit,
Liegt das Wunder, die wahre Geleit.
Erkennst du die Juwelen, die in allem sind,
Dann hast du den reichen Schatz des Gewöhnlichen gewinnt.

Lied des leisen Morgenlichts

Das frühe Licht, so zart und fein,
Es singt ein Lied, still und rein.
Es küsst die Welt mit seinem Glanz,
Erweckt den Tag aus seinem Tanz.

Ein Lied so sanft, ein Lied so klar,
Es ruft den Morgengruß, es ist wunderbar.
Mit jedem Strahl, mit jedem Schein,
Lässt es die Welt im Neuen sein.

Das Lied des Morgenlichts, es ist so leis',
Es bringt den Neubeginn, es macht uns weis'.
Hörst du sein Lied, spürst du seinen sachten Klang,
Dann weißt du, der Tag wird wunderbar und lang.

Sanfte Berührung des Windes

Der Wind, er streichelt sanft das Land,
Er trägt die Träume, er hält deine Hand.
Er flüstert Lieder, er murmelt sacht,
Er bringt die Sehnsucht, er bringt die Nacht.

Der sanfte Hauch, der leichte Druck,
Er weht die Sorgen weg, er bringt das Glück.
Er spielt die Melodie, er spielt das Lied,
Er singt vom Leben, er flüstert von Lieb'.

Die Berührung des Windes, so sanft, so rein,
Sie lässt uns eins sein, sie lässt uns sein.
Fühlst du seinen Kuss, hörst du sein Lied,
Dann weißt du, der Wind ist ein Geschenk, das man nie vergisst.

Im Takt des einfachen Lebens

Einfach in den Tag hinein,
Frühstück unter der Morgensonne fein.
Leise Lieder der Vögel fangen an,
Im Rhythmus des Lebens fühlt sich Glück banan.

Einfache Wege, auch sie führen weit,
Im Takt des Lebens, versteckt liegt die Heiterkeit.
Stunden vergehen, doch Erinnerungen bleiben,
Im Lächeln des Tages, lassen wir uns treiben.

Die Sonne setzt sich, doch die Schönheit bleibt,
Im einfachen Leben, wo Zufriedenheit treibt.
Gute Nacht, meine Liebe, schlaf sanft ein,
Im Takt des einfachen Lebens wird morgen neuer Tag sein.

Verborgene Perlen des Seins

Zwischen den Seiten des Lebens so leise,
Verborgen liegen die Perlen der Weise.
Im sanften Flüstern des Windes so rein,
Liegt der Schatz des Seins, strahlend und fein.

In der Tiefe der Stille, in der Ruhe der Nacht,
Haben wir die Perlen der Wahrheit bewacht.
Unter Sternen so fern, im Mondlicht sacht,
Leuchtet das Geheimnis der Existenz mit Macht.

Und so tanzen wir weiter, vom Tag in die Nacht,
Mit den Perlen des Seins, die das Leben uns bracht'.
Geborgen in Liebe, getragen vom Sein,
Sind wir immer daheim, niemals allein.

Schatten des Gewöhnlichen

In den Falten des Alltäglichen verborgen,
Hinter dem Schleier des Gewöhnlichen Sorgen.
Der Schatten des Lebens, leise und tief,
Erzählt von den Träumen, die das Herz einschlief.

Im Lauf der Zeit, im Fluss des Seins,
Stehen wir im Lichte, stehen im Schein.
Doch hinter dem Gewöhnlichen, verborgen und stumm,
Liegt der Schatten des Lebens, sein wahrer Ruhm.

Unter der Oberfläche, in der Tiefe versteckt,
Vom Schein des Gewöhnlichen oft bedeckt.
Dort beginnt das Abenteuer, dort beginnt der Gewinn,
Wenn wir erkennen den Schatten, der in uns ist drin.

Zarte Berührung des Lebendigen

Wie ein Hauch von Wind auf nackter Haut,
Uns das Gefühl des Lebendigen schaut.
Die zarte Berührung, so leicht und klar,
Erinnert uns daran, wie wunderbar.

Die Sonne auf den Wangen, der Duft des Meeres,
Die Weite des Himmels, des Lebens Beschweres .
All das sind Klopfzeichen, klein und fein,
Die uns erinnern: wir sind nicht allein.

In jedem Atemzug, in jedem Windhauch,
Spüren wir das Lebendige, sanft und rauch.
Zarte Berührung, zärtliche Geste,
Im Kreislauf des Lebens sind wir feste.

Geheimnisse in der Stille des Tages

Im Herzen der Stille verborgen,
Ein Gedicht, das der Tag für mich schrieb
Geheimnisse in Tönen der schweigenden Sorgen,
Ein Echo, das in stille Täler zieht.

Mein Herz erlebt die tiefsten Schläge,
Im Schweigen der Stunden so klar.
Die Wahrheit kommt auf stillen Wegen,
Ist flüsternd und doch wunderbar.

Die Stille trägt Gedankensaat,
Sanft, wie der Nebel am Morgen.
In der Ruhe liegt wahre Tat,
Verborgen, uneingekappft, unverborgen.

Geheimnisse im Tag versteckt,
In der stillen, ruhenden Zeit.
Ein Herz, das den Tag entdeckt,
Im Mantel der Stille bereit.

Flüstern der Morgendämmerung

Der Morgen neigt sein rosiges Antlitz,
Und flüstert mit zärtlichem Gedicht.
Er erzählt von Hoffnung und neuem Glitzern,
Im sanften Morgendämmerungsllicht.

Flüstern von den ersten Sonnenstrahlen,
Die fliegen durch das Himmelsblau.
Sie streicheln die Welt mit gold'nen Talen,
Bringen der Dunkelheit ihr sanftes Au.

Die Sterne schmelzen in der Dämmerung still,
Die Erde erwacht aus ihrem Schlaf.
Das Leben erhält einen neuen Will,
Ein Flüstern durch den Morgenschlaf.

Mit dem Flüstern der Morgendämmerung,
Beginnt wieder ein neuer Tag.
Träume werden wahr in der Sonderung,
Und das Leben lächelt mit jedem Schlag.

Sternenfunken im Grau

Sternenfunken fliegen weit, durch das graue Himmelskleid.
Sie erfüllen die Nacht mit zauberhaftem Licht,
Und schenken unserem Dunkel ein funkelndes Gesicht.

Jeder Funken trägt eine Geschichte, leise erzählt,
Von fernen Welten, die der Sternenhimmel erhellt.
Sie tanzen in der Dunkelheit, wild und frei,
Unter dem Mantel des Universums, unendlich und frei.

Sternenfunken im Grau, so klein und doch gewaltig,
Sie erhellen die Nacht, so funkelnd und zauberhaftig.
Im Dunkel der Nacht, leuchten sie am klarsten,
In dem tiefsten Grau, erstrahlen sie am stärksten.

Sternenfunken im Grau, ein Gedicht der Nacht,
Ein Hymnus, vom Universum erdacht.
Sie sind Botschafter der Ewigkeit, stumme Boten,
Sternenfunken, die das Grau widerboten.

Die stille Kraft der Gewohnheit

Die stille Kraft der Gewohnheit, sie leitet unser Tun,
Wir folgen ihren Pfaden, ohne zu fragen, warum.
Es ist der stille Strom des Lebens, der uns trägt,
Die stille Kraft der Gewohnheit, die uns bewegt.

Sie formt die Welt, wie wir sie kennen,
Sie lehrt uns Dinge zu erkennen.
In der Stille der Gewohnheit liegt die Macht,
Die uns stetig vorwärts, in die Zukunft trägt.

Gewohnheit läuft leise, wie ein alter Freund,
Bekannt, vertraut, schon längst gereiht.
Sie ist die Melodie, die unser Leben spielt,
Die uns durch die Tage, durch die Jahre führt.

So spielt die stille Kraft der Gewohnheit ihre Rolle,
Leitet unser Handeln, steuert unsere Seele.
Ein unsichtbares Band, das uns verbindet, uns leitet,
Die stille Kraft der Gewohnheit, die uns begleitet.

Stille Revolution der Gewöhnlichkeit

In der Tiefe der Gewöhnlichkeit ruht der Frieden,
Jede Stille, ein gemachter Revolutionsschritt.
Unsichtbar, wie Schatten in der Mitternacht,
Entsteht eine Revolution, die niemand findet.

Ein einfacher Kuss, eine Hand, die man hält,
Stille Zeichen der täglichen Verwandlung.
In der Ruhe der Nacht, in der Stille des Tages,
Eine sanfte Verschiebung der Wirklichkeit.

Ein leiser Wechsel von Seite zu Seite,
In unsicherer Dunkelheit, eine stille Licht.
Die Revolution weht, wo sie will,
In der verborgenen Weite des Alltags.

Ein stiller Aufruf zur sanften Rebellion,
In der Tiefe des Seins, in der Einfachheit des Lebens.
Gewöhnlichkeit ist eine heimliche Revolution,
Unaufhaltsam, und doch so schwer zu fassen.

Unter dem Himmel des Alltags

Unter dem Himmel des Alltags, dort leben wir,
Zwischen Momenten der Stille und des Lärms.
Gefangen in der Zeit, doch frei in unseren Träumen,
Finden wir uns selbst in der Endlosigkeit.

Wir sind alle nur Gäste auf dieser Erde,
Unter dem gleichen Himmel, atmen wir die gleiche Luft.
Sogenannt Alltag, verborgen im stetigen Wandel,
Ist nichts anderes als das Leben selbst.

Der Himmel des Alltags ist voller Wunder,
Man muss sie nur sehen, in den kleinen Dingen.
In einem Lächeln, in einer Geste, einem Wort,
In der endlosen Schönheit des Augenblicks.

Unter dem Himmel des Alltags sind wir alle Gleich,
Gemeinsam gehen wir den Pfad des Lebens.
Und wenn der Tag zu Ende geht,
Bleibt nur der Himmel, unter dem wir leben.

Über den Wolken der Realität

Über den Wolken der Realität, dort fliegen Gedanken,
Wie Vögel, die die Unendlichkeit erkunden.
Sie lassen den Boden der Tatsachen hinter sich,
Und suchen nach dem, was jenseits des Sichtbaren liegt.

Sie weben Geschichten aus Licht und Schatten,
Zwischen geheimnisvollen Sternen und fernen Galaxien.
In der Unendlichkeit des Himmels, in der Weite des Raums,
Entfalten sie die Schönheit der Vorstellungskraft.

Über den Wolken der Realität, dort finden Träume ihren Raum,
Wo sie tanzen und lachen, fernab der Gravitation.
Sie sprengen die Grenzen der Normalität,
Und öffnen das Tor zu neuen Dimensionen.

Volle Phantasie, frei von der Schwere der Welt,
Über den Wolken schwebt ein Meer aus Möglichkeiten.
In der Unendlichkeit des Himmels, da ist kein Ende,
Nur Freiheit, nur Raum, nur Weite.

Zauberhaftes Echo des alltäglichen Lebens

Das alltägliche Leben, ein zauberhaftes Echo,
Ein Spiegelbild der Seele, des Herzens Rhythmus.
In jedem Moment, in jedem Atemzug,
Erstrahlt die Magie des Daseins.

Ein Lächeln, ein Gedanke, eine Berührung,
Einfache Dinge, doch voller Bedeutung.
Sie sind wie Noten in einer himmlischen Melodie,
Sie formen das Lied des Lebens.

Das alltägliche Leben, so gewöhnlich und doch so wundervoll,
Ein Zusammenspiel von Licht und Schatten.
In der Stille, im Lärm, in der Hektik,
Erklingt das zauberhafte Echo des Seins.

Jeder Tag, ein neues Kapitel in der Geschichte des Lebens,
Jeder Moment, ein kostbarer Schatz.
Das alltägliche Leben, ein zauberhaftes Echo,
Ein ewiges Lied, das niemals endet.

Lichtblaue Reflektionen der Normalität

Unter dem himmelblauen Dom,
So beginnt jeder Tag, tief und fromm,
Normales Leben, gespiegelt in sanftem Licht,
Ein alltägliches Lied, das seine Melodie spricht.

In dem Flüstern des Windes, im Rauschen des Meers,
In strahlender Sonne, in stillen Reserven versinkt mehr und mehr,
In unserer Normalität, wie sanfter Sonnenschein,
Finden wir uns selbst, authentisch und rein.

Diese lichtblauen Reflektionen der Normalität,
Sie erfüllen unsere Herzen mit Frieden und Sanftmut in der Tat,
Sie sind stetige Flüsse, die die Seele bereichern,
Lassen unsere menschliche Essenz tief innen erreichen.

So lebe und liebe in der lichtblauen Stille,
Genieße die Normalität, die die sinne anfülle,
Jeder Atemzug, jede Geste, jede Berührung,
Ist auch ein Teil von uns, unserer Menschwerdung.

Alltagsmysterien

Es gibt Geheimnisse, verborgen in jedem Tag,
Wie die Stille, die sich um eine blühende Blume legt,
Das Lächeln eines Fremden, das unser Herz bewegt,
Ware Wunder der Welt, die ein jeder mag.

Die kleinen Momente, so leicht und flüchtig,
Vergessen in der Hektik, doch wahrhaftig und wichtig,
In ihnen liegen die Mysterien des Alltags verborgen,
Die Geheimnisse der Einfachheit, der Freude, der Sorgen.

Wie die Mysterien des Lebens selbst, tief und wahr,
Werden sie in jedem Augenblick sichtbar und klar,
In jedem Lachen, jeder Träne, in jedem Schmerz,
Finden wir sie, tief versteckt im menschlichen Herz.

So lass uns die Alltagsmysterien mit offenen Augen suchen,
Auf den schlichtsten Pfaden, in den tiefsten Buchen,
In jedem Moment, in jeder Kleinigkeit,
Liegt die wahre Tiefe der Realität bereit.

Die stillen Schönheiten um uns

Schaust du je die stillen Schönheiten um dich herum,
Den glitzernden Tau auf dem Blatt, das flüchtige Stimmengewirr in der Ferne,
Die weich fallende Schneeflocke, das heimelige Leuchten der Sterne,
In jedem Detail, jedem Flüstern, offenbart sich Lebens Ruhm.

Es sind die stillen Schönheiten, die das Herz berühren,
Die uns inmitten des Lärms, der Hektik, der Welt erneuern,
Sie sind wie leise Melodien, gespielt auf einer unsichtbaren Flöte,
In ihrer Stille erzählen sie Geschichten, die sind uns ein Schatz von höherem Gelöte.

Betrachte die stille Schönheit, die in jedem Moment erblüht,
Sie flüstert uns sanft zu, im Windhauch, der zieht,
In ihrer Stille offenbart sich die Magie des Lebens so klar,
Im kleinsten Stein, im weitesten Blick, in der Stille liegt Wahrheit wunderbar.

So lausche den stillen Schönheiten um dich herum täglich neu,
Findet Trost, Freude, Liebe, allemal treu,
In der Stille liegt Weisheit, in der Stille liegt Kraft,
In den stillen Schönheiten sich die wahre Lebenslust entfacht.

Auf der Suche nach der alltäglichen Muse

In der monotonen Tiefe des Alltags suchen wir,
Eine Muse, ein Funkeln, eine Inspiration wie ein Juwel so pur.
Sie versteckt sich in den vertrauten Pfaden unserer Routine,
Leise flüsternd, wie eine verborgene Melodie, die erscheint auf der Bühne.

Die Muse des Alltags, sie ist schwer zu entdecken,
In der Stille, im Alltag, im Gewohnten kann sie verstecken.
Doch wie leuchtet sie auf, wenn wir sie erst erblicken,
Wie eine Flamme im Herzen, kann das Seelenfeuer entzünden.

In der Dunkelheit des Alltags, eine Brücke ins Licht,
Auf der Suche nach der alltäglichen Muse, das Herz erbricht.
Sie ist wie ein Leitstern, der uns den Weg weist,
Sie ist es, die uns den Zauber des Alltags zeigt und preist.

Also suchen wir weiter nach der alltäglichen Muse,
In den Höhen und Tiefen, auf unserer Lebensreise.
Wir entdecken sie, in jedem Lächeln, in jedem Schmerz,
Die alltägliche Muse, sie erwacht im menschlichen Herz.

Unter den Alltagsnotizen

In den Kanten kleiner Notizen verborgen,
Zwischen Schatten und einer leisen Eile,
Flammt ein unsichtbarer Tanz, still und unbesorgt,
Ein leises Lächeln, verborgen im Profil.

In der Tiefe der Zeichen, die wir ertragen,
Eine schimmernde Weite ruft uns zu,
Im Rauschen des Papiers, im leisen Verzagen,
Schwimmt das Vergessene, geborgen im Nu.

Im Geflüster der Worte, in unvollendeten Sätzen,
In der Stille, getragen von unsichtbarer Last,
Leuchten unerzählte Geschichten, verwoben und verletzt,
In jedem Klang, den der alltägliche Widerhall erfasst.

Alles fließt, und doch bleibt der Moment stehen,
Und im Herzen vibriert der stille Klang,
Bis in der Tiefe ungesprochene Worte in uns sehen,
Das was war und was sein wird, wird niemals bang.

Leise Stimmen des Gewöhnlichen

Die leisen Stimmen des Gewöhnlichen, gesponnen aus dem Licht,
Sie fliegen wie ein Falter, liegen im Gesicht,
Sie murmeln in den Ecken, sie ziehen uns ins Dicht,
Und drinnen liegen Träume, verstehen andern nicht.

Sie weben aus der Stille, tiefer als gedacht,
Sie flüstern uns Geschichten, die der Wind gebracht,
Sie malen uns Gedichte, in Regenbogennacht,
Und in den Rosefarben haben sie die Welt entfacht.

Im Kleinen und im Weiten, in Stille und in Laut,
Im lustigen Gebärden, im traurigsten Vertraut,
Da sprechen sie vom Leben, ein Rauschen nur verstaubt,
In jedem stillen Atemzug, in dem man auf die Liebe baut.

Ein jeder Tag ist gewöhnlich, doch keiner wirklich gleich,
In Tönen und in Bildern, wirkt alles so erweicht,
Doch leise Stimmen flüstern, im Gespinst und Bleich,
Das Leben ist eine Symphonie, und wir sind ihr Reich.

Plötzlich bemerkte Wunder

Sie blühen auf den Seiten der Bücher, in der Stille des Raums,
In den Linien der Freude, im gebrochenen Zaum,
Im Spiegel der Zeit flämmt das Glück seinen Schaum,
Plötzlich, ein Wunder, wie ein geträumter Traum.

Im Rauschen des Meeres, im Frühlingserwachen,
In der sehnsuchtsvollen Ferne, jambieren sie kaum,
Im Lächeln eines Kindes, im Glanz der Lachen,
Plötzlich, ein Wunder, wie ein getanzter Traum.

In den Falten des Alten, im Knospen der Blüte,
In der Stille des Blickes, im Gedicht und im Raum,
Im Rhythmus der Herzen , im klaren Bewute,
Plötzlich, ein Wunder, so weich, so Unschlüssigkeitstraum.

In den unterbrochenen Zeilen eines Gedichts schweben sie,
In der unendlichen Weite eines himmelblauen Raums,
In der Lücke zwischen den Zeilen, bündeln sie sich,
Plötzlich, ein Wunder, ein goldenes Traumgestreife.

Ein Hauch von Unendlichkeit im Morgenkaffee

Der Tag erwacht, der Himmel öffnet sanft das Blau,
Im Morgenkaffee schwebt ein Hauch von Unendlichkeit,
Die Welt erwacht und löst die Ränder ihres Grau,
Und gibt den Sinnen Hoffnung, eingehüllt in Heiterkeit.

Im ersten Schluck ertrinkt die Nacht, der Tag bricht auf,
Ein Lächeln tanzt im Schaum, das Leben zeichnet sich,
Gedanken schweben auf und nieder im Verlauf,
Die Zukunft liegt verborgen im Dunkel des Kaffee-Dich.

Der Morgen spricht in sanften Tönen, seidig und reich,
Im Glanz der Kaffeekirsche liegt ein Zauber verborgen,
Es flüstert leise, küsst das Herz, so weich,
Und lichtet sanft den Schleier aus den morgendlichen Sorgen.

Ein Hauch von Unendlichkeit, ein flüchtiger Blick,
Geboren aus den Körnern, geröstet und gebraut,
Verwebt mit Morgenlicht, ein Stück von Tag und Glück,
In jedem Schluck des Morgenkaffees, im Herz aufgebaut.

Kakteenblüte im Stahlmeer

Im Stahlmeer der Statik blüht leise,
Eine Kaktusblume, stolz und weise.
Strotzend gegen Rost und Metall,
Strahlt sie in dem eisigen Schwall.

Gefangen, doch stark in ihrem Glanz,
Tanzt sie hoch auf des Stahlmeeres Lanze.
Verweigert sich der Monotonie,
Lebt in ihr eine heimliche Poesie.

In der Kälte, in der Starrheit,
Zeigt sie die kraft der Klarheit.
Eine Oase im harten Stahl,
Das ist ihre wahre Moral.

Die Perle der Normalität

Im Alltagsgrau, versteckt und klein,
Findet man die Perle der Normalität fein.
Nicht in Ekstase, nicht in Not,
Wohnt Zufriedenheit im Normalitätsschlot.

Im stetigen Fluss der Zeit gediegen,
Hat sich das Einfachste als reich erwiesen.
Markiert den Takt unseres Herzenbeats,
Ist die Perle der Normalität stets.

Auf dem Pfad der Einfachheit,
Wohnt die wahre Zufriedenheit.
Ist das Leben nicht poetisch, nicht exotisch,
Doch in seiner Normalität ist es majestätisch.

Wellen der Wirklichkeit

Wellen der Wirklichkeit schlagen an uns im Takt,
Und jeder von uns ist ein Schiff, kostbar und nackt.
Durch Stürme, durch Flauten, mal hinauf und hinab,
Jeder Tag bringt seine eigene Ebbe und Flut, sein eigenes Grab.

Die Welle, die uns hebt, lässt uns auch fallen,
Die Wirklichkeit kann sowohl befrieden als auch verhallen.
Doch in jedem Niedergang, in jedem Hoch,
Steckt die Chance einer neuen Welle, einer neuen Epoch'.

In den Wellen der Wirklichkeit sind wir gebunden,
Und doch sind wir dadurch erst wirklich verbunden.
In der stetigen Bewegung, in der ewigen See,
Finden wir das wahre Ich, den wahren Dreh.

Zauber der alltäglichen Kleinigkeiten

Im Kleinen, im Unscheinbaren,
Liegt der Zauber des Alltäglichen gebaren.
Ein Lächeln, eine warme Hand,
in diesen Kleinigkeiten wohnt ein unbekanntes Land.

Nicht im Großen, nicht im Prächtigen,
Findet man den Zauber in den täglich Nichtigkeiten.
In dem Duft des Morgens, in der sanften Nacht,
Hat der Zauber der Kleinigkeiten uns angelacht.

Die Freude im Gesicht eines Kindes, licht,
Das ist wahrer Zauber, mehr braucht es nicht.
So öffnen sich im alltäglichen Leben,
Türen, zu kleinen Wundern, zum Schweben.

Reflexionen des Gewöhnlichen

Im Meer des Gewöhnlichen, tief und weit,
Wo die Stille die Wellen des Lebens begleitet,
Spiegeln sich deine Gedanken, so klar,
In der sanften Reflexion des Alltags, wahr.

Ruhe und Vertrautheit, in unsicheren Zeiten,
Die kleinen Freuden des Lebens, sie begleiten,
Zwischen dem Gewöhnlichen liegt verborgen,
Die Stärke und Wärme, den neuen Morgen.

Unscheinbare Momente, wie Perlenschimmer,
In ihnen verbirgt sich der wahre Gewinner.
Im Spiegel des Gewöhnlichen, offenbar,
Zeigen sich die Geschichten, einfach und wahr.

Die Wahrheit unter der Oberfläche

Unter der Oberfläche, tief und still,
Liegt die Wahrheit, stark und will,
Jenseits der Worte, jenseits der Angst,
Die Botschaft von Liebe, so ungezwungen und längst.

Ein Geheimnisversteck, kaum spürbar nur leise,
Unter der kratzenden Schicht der Weise,
Die Wahrheit, sie ruht, erwacht mit Sinn,
Im tiefen Gewässer von unserem Beginn.

Was unter der Oberfläche verborgen,
Ist mehr als der Staub des Morgens,
Es trägt die Wahrheit, das ungeschminkte Licht,
Oben scheinen Lügen, unten verbirgt sich das Gesicht.

Alltägliches Leuchten

Im Alltag verborgen, kaum zu sehen,
Ein feines Leuchten, kaum zu verstehen,
Leise Farbspiele, leuchten klar,
In jedem Moment, in jedem Jahr.

Zweigeflutetes Licht, in den Fasern des Lebens,
Eine sanfte Präsenz, ohne Streben,
Es begegnet uns täglich, es leuchtet fein,
In jedem Lächeln, in jedem Sein.

Schönheit liegt oft in den kleinen Dingen,
Die wir kaum beachten, kaum erringen,
Alltägliches Leuchten, ständig und klar,
Es begleitet uns, ist immer für uns da.

Im Flüstern des Alltags verborgen

Im gewöhnlichen Lärm, im alltäglichen Rauschen,
Kann man im Flüstern die Wunder belauschen,
In den einfachsten Momenten, im Kleinen verborgen,
Flüstert das Leben, frei von den Sorgen.

In der Stille des Alltags, zwischen Lärm und Hast,
Befindet sich die Schönheit, entfacht ihre Last,
Es ist das Flüstern von Freude und Schmerz,
Im Alltag verborgen, nahe am Herz.

Im Gedränge der Leute, im Lärm der Maschinen,
Flüstert das Alltägliche, ohne zu dienen.
Im Flüstern des Alltags verborgen, so tief,
Die Botschaft des Lebens, die uns ständig rief.

Unter dem inspirierenden Hauch des Alltags

Unter dem Hauch der alltäglichen Sonne,
Seh ich klar, alles ist voller Wonne.
Die Stille, die vertreibt die dunkle Nacht,
Die Alltag mit seinem Glanz so hell macht.

Träume ich liebend von den einfachen Freuden,
Von leisem Lachen und sanften Abschiedsleiden.
Wer im Alltag den Glanz erkannt,
Ist wahrlich im lieblichen Glück gelandet.

Eine Tasse Kaffee, ein liebevoll gepflücktes Blümchen,
Solcher Alltag ist im Herzen ein Stimmchen.
Unter dem inspirierenden Hauch des Alltags,
Entdecke ich die Ruhe, nach der ich immer frag.

Alltag als Kunstwerk

Im Werk des Alltags, in jedem feinen Detail,
Betrachtet mit Liebe, wird die Welt nicht mehr fahl.
Die Kunst des Lebens, gemalt mit jedem Atemzug,
Macht aus jedem Tag ein lachendes Gefüg.

Sehe ich den Alltag durch eine andere Linse,
Jeder Moment wird dann zur bunten Künstlerpinse.
Die Farben so kraftvoll, jede Minute so echt,
Mit Liebe gemalt ist jeder banale Recht.

Alltag als Kunstwerk, so klar und rein,
Jeder ist Künstler und gleichzeitig fein.
In den Details entsteht eine prächtige Welt,
Alltag gemalt, ein Kunstwerk, das gefällt.

Betrachtung im Morgenlicht

Die Sonne erhebt sich, das Morgenlicht erscheint,
Mit sanftem Strahl und Hoffnung vereint.
Die Schatten lösen sich, der Alltag spricht,
Erzählt hoffnungsvolle Geschichten im Morgenlicht.

Tautropfen glitzern, der Alltag erwacht,
Die Stille der Nacht wird nun zur Pracht.
Der Nebel lichtet sich, das Licht wird hell,
Der Alltag bleibt sanft, wie ein weißer Aquarell.

Im Morgenlicht erglüht die Welt,
Alltägliches wird zum Helden gestellt.
Die ersten Strahlen verzaubern den morgendlichen Braus,
Der Alltag lacht im Morgengraus.

Unentdeckte Magie des Alltags

Im Alltag liegt eine unentdeckte Magie verborgen,
In jeder kleinen Freude, in jedem kleinen Sorgen.
In den leisen Tönen, die der Wind dir flüstert,
In der sanften Berührung, die dich im Morgen küsst.

Mit offenen Augen kann man sie entdecken,
In den stillen Momenten, die das Herz erwecken.
In den Liedern der Vögel, in der Stille der Nacht,
Liegt die Magie des Alltags, in ihrer vollen Pracht.

Jeder Tag trägt Wundererzählungen in sich,
Sie zu entdecken, macht den Alltag reich.
Also öffne dein Herz, und du wirst sehen,
Die unentdeckte Magie, die in jedem Tag kann wehen.

Tief unter der Gelassenheit

Unter der Maske der Gelassenheit,
Ein stürmischer See der Einsamkeit.
Nur die Hoffnung bleibt als Verstand,
Ein Leuchtturm in unbekanntem Land.

Ein Herz, das im Schweigen schlägt,
Ein Lied, das tief in dir sich regt.
Diesem Echo folgst du sacht
Durch die dunkelste aller Nacht.

Und im Schatten der Gelassenheit,
Liegt die Saat der inneren Heiterkeit.
Sie muss wachsen, sich entfalten,
Um die Dunkelheit abzuhalten.

Kann Spuren von Wundern enthalten

In dem kleinsten Samen, versteckt das Wunder,
Wächst so still und leise, bricht dann mit Donner.
Unsere Herzen voll Hoffnung, warten die Stunden,
Wissen, sie können Spuren von Wundern enthalten.

Jeder Sonnenaufgang, jeder Tropfen Regen,
Jede Träne, die wir fallen lassen, ein Segen.
Selbst in der Dunkelheit, während wir wandern,
Kann jeder Moment Spuren von Wundern enthalten.

In jedem Lächeln, in jedem Lachen,
In dem leisen Flüstern des Windes, so sachen -
Dort liegt die Schönheit, die wir so verlangen,
In jedem Augenblick, Spuren von Wundern enthalten.

Tränen und Träume in tausend Tassen Tee

Tränen fallen in die Tassen rein,
Getränkt in heißen Tee, wird leicht der Stein.
Träume werden geschmiedet, so intensiv und rein,
In Tassen gefangen, klein wie ein Stein.

Eine Tasse Tee, eine Welt zu erkunden,
Tausend Geschichten, tausend Wunden.
Im Schimmer des dampfenden Trankes gebannt,
Liegen Tränen und Träume, Hand in Hand.

Gieße eine weitere Tasse ein, mein Freund,
Teile der Hoffnung ihren süßen Duft.
In tausend Tassen Tee, wartend und sehnig,
Verstecken Tränen und Träume ihre flüchtige Präsenz.

Leben zwischen den Sternen

Weit weg vom irrenden Weltgetriebe,
Tanzende Sterne, wie in Leidenschaftsfieber
Leben zwischen ihnen, in schimmernder Schwebe,
Bist du der Sehnsucht ewiger Dieb.

Sterne flüstern Geschichten, vergangener Zeit,
Zwischen ihren Lichtern, suchen wir Unendlichkeit.
Im dunkelblauen Mantel der Nacht geweckt,
Finden wir Leben, das im Licht der Sterne versteckt.

Leben zwischen den Sternen, ein Traum so fern,
Unerreichbar, doch zieht uns an, der funkelnde Stern.
Im Glitzern der Nacht, in der Stille der Weite,
Entsteht ein Lied, das die Seele begleitet.

Das ungewöhnliche Lächeln der Morgenröte

Unter dem Banner des ersten Licht,
Ein seltener Anblick, rein und hell.
Morgenröte lächelt, er bricht die Nacht,
Ein Aufruf an den Tag mit ihrem Zauberspruch.

Eine melancholische Farbe malt den Himmel,
Das leise Lächeln erblüht jenseits der Dunkelheit.
Umhüllt in existentielle Pracht,
Ruft es an das Leuchten einer neuen Hoffnung.

Das ungewöhnliche Lächeln der Morgenröte -
So subtil, so zart, so stark.
Es ist ein Ruf zur Auferstehung des Lichts,
Ein Ruf zum Tanzen in der Morgendämmerung.

Urkrafte eines gewöhnlichen Tages

Die Sonne erhebt sich, der Tag erwacht,
Mit Potential und Urkräfte verbunden.
Jeder Moment, einzigartig und voller Kraft,
Entfaltet sich, um Leben und Freude zu gründen.

Leidenschaftliche Gedanken treiben uns voran,
Unsere Herzen pochend mit den Wellen des Lebens.
Mit jedem Schritt, den wir auf unserer Reise nehmen,
Wachsen Kräfte in uns, die uns ohne Schmerzen verleben.

Zeit bewegt sich, nicht behaftet, keusch und rein,
Veränderung ist unser einziger ständiger Begleiter.
Durch die Leidenschaften des einfachen Tages gehen wir,
Mit einer stillen Macht, die jeden Moment begleitet.

Untold Himmel von Stein

Ein Himmel von Stein, geheimnisvoll und schwer,
Erzählt Geschichten, die niemand jemals hört.
Stumm unter dem Gewicht der Geheimnisse,
Hält er die Kraft der Zeitalter, fest und sicher.

Sein majestätisches Grau dominiert unseren Blick,
Unscheinbare Pracht, kühn und stoisch.
Gegen die stürmischen Winde trotzend,
Ersteht er als Denkmal der Vergangenheit.

Untold Himmel von Stein, beständig und schwer,
Entblößt seine Wahrheit im schweigenden Morgenlicht.
In seinem Schoß sitzen wir, staunend,
Vor der unausgesprochenen Schönheit, die er umschließt.

Das Alltagsschauen im Mondlicht

Im zarten Schein des Monds, so hell,
Verwandelt sich das Alltägliche in etwas Zauberhaftes.
Es zieht das Auge hin, es zieht das Herz heran,
Es offenbart die Mystik, in der wir uns verfangen.

Jedes Ding, das wir kennen, wird neu und seltsam,
Im schwachen Leuchten, das nur der Mond geben kann.
Die Magie des Alltäglichen offenbart sich uns,
In einer Symphonie der Zwielichtfarben.

Das Alltagsschauen im Mondlicht so rein,
Bringt eine Stille, die voller Wunder ist.
Unsere Herzen, in diesem flüchtigen Moment ergriffen,
Finden in der Stille des Mondlichts eine verborgene Freude.

Einfache Schönheit der Existenz

In der Einfachheit liegt ein Zauber rein,
voller stille, tief greifender Wonne.
Die Existenz ist ein gelassener Hain,
wo jedes Blatt glänzt in der Sonne.

In der Einfachheit ein Lied erklingt,
Ein Lied von Liebe und Zärtlichkeit.
Es ist die Schönheit die uns eint und bindet,
Inmitten der turbulenten Zeit.

So lebe jeden Tag ganz unverstellt,
In der Einfachkeit, deiner wahren Welt.
Solang du atmest, solang du liebst,
Du die einfache Schönheit der Existenz siehst.

An die Stille des Moments

Im Herzen der Zeit, inmitten des Moments,
Da liegt die Stille, die die Seele kennt.
Kein Wort ist nötig, kein Laut erklingt,
Nur die Stille, die den Frieden bringt.

Ein Flüstern des Windes, ein sanfter Regen,
Ein Augenblick, still und ohne Bewegen.
In der Stille, so tief und rein,
Möchte ich für immer verweilen sein.

In der Stille, in der Dunkelheit der Nacht,
Ist mir eine tiefe Erkenntnis erwacht.
Jeder Moment, jeder Atemzug ist ein Geschenk,
Etwas das man nie zurück lenkt.

Verschlüsselte Botschaften der Normalität

In der Normalität liegen Geheimnisse verborgen,
Botschaften, verschlüsselt und unerkannt.
In jedem Lachen, jedem Gähnen, jedem Sorgen,
liegt eine Wahrheit, die Bindung entzündet und entflammt.

Die Normalität, sie scheint ohne Bedeutung zu sein,
Verschlüsselte Botschaften, so leicht zu übersehen.
Doch in der Stille, in dem alltäglichen Schein,
können wir die wahrhaftige Botschaft lesen.

Die Normalität, sie ist ein Geschenk, ganz rein und klar,
ein Gedicht, dass uns das Leben offenbart.
Verschlüsselte Botschaften, sie sind immer da,
In jedem Moment, den die Normalität bewahrt.

Poesie zwischen den Zeilen des Banalen

Zwischen den Zeilen des banalen Alltags,
Liegt verborgen tiefe Poesie.
Sie flüstert leise, in jedem Atemzug,
Ein Gedicht voller Melodie.

Im Lächeln eines Kindes, im ersten Licht der Baum,
Entfaltet sich die Poesie, wie ein Traum.
Im banalen liegen Worte, so rein und klar,
Ein Gedicht, dass unser Leben offenbar.

Die Poesie, sie ist kein fernes Ideal,
Sie wohnt im Alltäglichen, im so banalen.
In jedem Atemzug, in jedem Augenstrahl,
Erklingen ihre Verse, in unserer Sprache essenziell.

Geheimnisse der alltäglichen Weisheit

In der alltäglichen Weisheit so tief,
Geheimnisse, verborgen in jedem Seufzer.
Sie leuchten still, wie Sterne in der Nacht,
Spiegelbild unseres Innenlebens, so einfach, so sacht.

Jeder Moment birgt Wahrheiten, so rein,
In sanfter Stille können sie offenbar sein.
Die Welt ist ein Buch, in Gedanken beschrieben,
Voll von Lehmens Wundern, in Liebe umgeben.

Unsere Herzen, geformt durch das Band der Zeit,
Erleuchten die Wege, in Echo der Ewigkeit.
Die Geheimnisse der Weisheit, stets an unserer Seite,
In der alltäglichen Stille, fügen sich zu zweite.

Gespinste aus der Stille

In der Stille der Nacht, wo Gedanken sich drehen,
Spinnet das Schweigen Geschichten, die niemand sieht.
Es webt Zeichen und Worte, auf Leinwand der Ruhe,
Eingefangen in den Maschen der Milde, in luhe.

Wie ein Schleier der Träume, gefangen im Wind,
Zeichnet die Stille ein Bild, so zart, so lind.
Im Gezirpe der Grillen, im Flüstern der Blätter,
Findet man Poesie, in jeder ihrer späten Briefe.

In der Stille der Nacht, die Geister erwachen,
Lassen Gedichte entstehen, aus zarten Sachen.
Gespinste aus der Stille, gewoben in Gedanken,
Verborgene Botschaften, in Wörtern verankern.

Wegweisende Muster des Alltags

Im Wirbel des Alltags, so lärmend, so laut,
Finde man Muster, in das Leben gebaut.
Ein Lachen, ein Weinen, ein Zögern, ein Sein,
Zeigen den Pfad, leuchten hell im Schein.

Jeder Moment, jeder Atemzug ein Schritt,
Zeichnet Muster in die Zeit, in jeden Tritt.
Das Lächeln des Fremden, die Tränen des Kindes,
Stehen als Wegweiser, in den kleinsten Windes.

Muster des Lebens, in den Alltag gewoben,
Zeigen den Weg, sind als Richtungen erhoben.
In den kleinsten Dingen, in der größten Tat,
Finden wir Weisheit, auf unserem Pfad.

Ein Stern im Meer der Zeit

Ein Stern am Himmel, in der Dunkelheit der Nacht,
Leuchtet hell und stetig, mit anmutiger Macht.
Im Meer der Zeit, ein Führer, ein Licht,
Zeigt den Weg, leuchtet hell im Gesicht.

In der Weite der Ewigkeit, in der Tiefe des Seins,
Ist dieser Stern unser Hoffnungsschein.
In den dunkelsten Stunden, in den tiefsten Träumen,
Leuchtet er hell, lässt uns nicht versäumen.

Ein Stern im Meer der Zeit, so licht,
Erzählt Geschichten, schreibt ein Gedicht.
In der Unendlichkeit des Raumes, in der Größe des Seins,
Ist er unser Leitstern, unser Hoffnungsschein.

Gewebte Gefühle aus Sternenstaub

Sterne weben Gefühle, dünn und fein,
In unsäglicher Freude, in tiefem Schmerz,
Ein Netz aus Sternenstaub und helles Sein,
Verflochten mit dem Schlag unseres Herz.

Gedämpfter Klang von Pulsaren, weit und karg,
Erzählt Geschichten, alt wie das Universum.
Verschwimmt die Zeit, wird der Klang zu Harfenschlag,
Erweckt in uns den endlosen Kosmos-Sturm.

In Sternenlicht gebadet, das Herz so rein,
Fühlen wir uns der Unendlichkeit so nah.
Gewoben aus Sternenstaub, wird Liebe sein,
Ein Tanz im All, in der endlosen Galaxie da.

Unsere Sehnsucht, in Sternenstaub gehüllt,
In der dunklen Nacht, der Glanz erfüllt.

Der Tanz der Momenten

In der Stille der Nacht, beginnt der Tanz,
Momente fließen, wie ein stetiger Glanz.
Leuchtend und flüchtig, sie kommen und geh'n,
Im Tanz der Augenblicke, wir sie versteh'n.

Jeder Moment ein Schritt, im Takt der Zeit,
Führend den Tanz, durch Freude und Leid.
Geben und nehmen, ein ewiges Spiel,
Im Schwung der Sekunden, fällt jedes Ziel.

So drehen wir uns, im Tanz der Zeit,
Inmitten der Stille, von Ewigkeit befreit.
Jeder Moment ein Tanzschritt, klein und fein,
Im flüchtigen Spiel, soll unser Leben sein.

Also tanzen wir, Moment für Moment,
In diesem Tanz, uns jeder kennt.

Unbezahlbare Verschönerung

Ein Blick hinaus, in die weite Welt,
Ein unbezahlbares Geschenk, uns bereit gestellt.
Verschönert von der Natur, rein und klar,
Ein Geschenk des Lebens, unendlich wunderbar.

Jeder Sonnenaufgang, jedes Lächeln, jede Träne,
Jede Blüte, jeder Atemzug, jede Sternenszene.
Unbezahlbar und kostbar, die Schönheit der Welt,
Ein Wunder, in zahllose Geschichten erzählt.

Sie ist da in jedem Lachen, in jedem Klang,
In jeder Bewegung, in jedem Gesang.
Unbezahlbare Schönheit, in jedem Augenblick,
Macht unser Leben reich, Stück für Stück.

In der einfachsten Freude, im kleinsten Sein,
Finden wir die größte Schönheit, hell und rein.

Mondstrahl Liebe

Im sanften Schein des Mondes, leise und klar,
Fällt ein Strahl von Liebe, unendlich wunderbar.
Er trifft das Herz, bannt die Dunkelheit,
Weckt die Liebe, in ihrer ganzen Zärtlichkeit.

Am Himmel leuchtet der Mond, so still und rein,
Sein Licht strahlt Liebe, ins dunkle Sein.
Und in der Stille der Nacht, so zart und fein,
Erhellt ein Mondstrahl, das Herz allein.

Er taucht die Welt, in ein sanftes Blau,
Erweckt die Liebe, im Morgentau.
Ein Mondstrahl voller Liebe, hell und klar,
Erhellt das Herz, in der Nacht so wunderbar.

Schau hinauf, sieh den Mond so hell,
Gefüllt mit Liebe, wie ein leuchtender Quell.

Regenbogen aus Staubkörner

Sanfte Farben leuchten hell,
In jedem kleinen Staubkörnchen Schnell.
Regenbogen wunderbar,
Schmücken diese Welt so klar.

Ein Tanz von Farben, so zart und fein,
In jedem Körnchen könnte Liebe sein.
Ein Bogen voller Träume, so weit,
Erzählt Geschichten aus vergangener Zeit.

Glitzernd leuchtend in der Nacht,
Hat uns der Regenbogen Hoffnung gebracht.
Er strahlt in alle Ecken hinein,
Und lässt uns niemals allein.

Im Flimmer der Dämmerung, so schön,
Lässt er uns die Welt mit anderen Augen sehen.
Ein Zauber liegt in seiner Pracht,
Gibt uns Kraft und neue Macht.

Im Schatten des Bekannten

Im Schatten des Bekannten, wir stehen fest,
Was wir nicht kennen, dafür fehlt uns der Rest.
Unsere Gedanken kreisen, halten uns fest,
Verlieren sie sich, dann wird es ein Fest.

Im Dunkeln des Unbekannten, wir suchen den Weg,
Was uns fremd ist, dafür brauchen wir Mut.
Unsere Schritte sind zögerlich, doch immer voraus,
Im Schatten des Bekannten, da finden wir raus.

Durch die Angst hindurch, in die Tiefe hinab,
Ein Sprung ins Nichts, ein ganz neuer Pfad.
Der Schatten weicht, das Licht bricht ein,
Furchtlos und stark, so wollen wir sein.

Im Vertrauen auf uns, auf den eigenen Weg,
Verlassen wir den Schatten, kein Angst uns mehr bewegt.
In uns ist die Kraft, die wir brauchen allein,
Im Schatten des Bekannten, da dürfen wir sein.

Im Strudel des Alltäglichen

Im Sog der Gewohnheit, wir drehen uns im Kreis,
Die Routine packt uns, fest in ihrem Kreis.
Der Alltag ist strudelig, kompliziert und schwer,
Doch mittendrin, da finden wir unser Meer.

Die Zeit rast vorbei, der Tag geht zu End,
Im Strudel des Alltäglichen, manches bleibt unbekannt.
Doch in der Stille, wenn die Nacht bricht an,
Erkennen wir uns selbst, und das Leben nimmt seinen Bahn.

Im flimmernden Licht der Morgenstunde,
Erwacht die Welt, und wir machen uns kunde.
Mit Mut und Entschlossenheit, wir gehen voraus,
Im Strudel des Alltäglichen, wir machen daraus.

Die Schönheit der Kleinigkeiten, sie ist immer da,
Im Gewirr des Alltäglichen, manchmal wunderbar.
Nehmen wir uns die Zeit, zu schauen und zu sehen,
Dann können wir die Wunder des Alltags verstehen.

Alltagsgedanken

Die Gedanken sind frei, sie fliegen weit,
Im Alltagstrott, in jeder Zeit.
Sie zaubern ein Lächeln, nehmen die Last,
Sind unser Halt, unser fester Mast.

Sie tragen uns durch, zu aller Erst,
In Gedanken sind wir, stets unser eigener Fürst.
Sie formen die Zukunft, halten die Vergangenheit,
Sind ein leuchtender Stern in der Dunkelheit.

Sie sind unser Kompass, wir folgen ihrem Pfad,
Ohne Gedanken, was hätten wir da.
Sie halten die Liebe, die Hoffnung, die Freiheit bereit,
In Gedanken sind wir, stets zur Stunde bereit.

Nimm dir einen Moment, in der Hektik der Zeit,
Für einen Gedanken, ein Stück Zufriedenheit.
Denn was uns berührt und bewegt, das sind wir,
Unsere Gedanken, sie formen die Zukunft und hier.

Unerschütterliche Schönheit des Banalen

Alltäglich, wie der Sonnenuntergang,
Betörend in ihren unscheinbaren Gaben,
Zeigt sich die Schönheit, oh welch Bang,
In all den Dingen, die wir als banal aufgaben.

Mit offenen Herzen sieht man es klar,
Wo sonst nur Gleichgültigkeit sich wagt,
Sie taucht auf, verborgen und wahr,
In der banalen Welt, wo Wunder sind gejagt.

So schreiten wir voran, Tag für Tag,
Immer auf der Suche, doch nichts Hemmbares dabei,
Entdecken wir uns in jedem schlichten Lächeln, jeder Handbewegung, jedem Wink, jedem Hag,
Erscheint die banale Schönheit, innig und frei.

Im verborgenen Glanz der Gewohnheit

Gewohnheiten, wie ein stiller Teich,
Verborgen in der Tiefe ihrer Stille,
Geben dem grauen Alltag, weich,
Ein Funkeln von unverhoffter Fülle.

Bewegt in der sanftesten der Strömungen,
In Wiederholung und Beständigkeit,
Entfaltet sich die Schönheit, zum Versöhnungen,
Im ewigen Tanz von Raum und Zeit.

Gewohnheit, mehr als nur Routine,
Sie verbirgt in sich den Glanz, den keiner sah,
In jedem wiederkehrenden Abschied und jeder Reunion,
Verborgen zeichnet sie das Muster unserer Wege, nah.

In der Ruhe ihrer Rhythmen, rein,
Im verborgenen Glanz der Gewohnheit liegt sie,
Die Schönheit des Alltags, klein und fein,
Sie leuchtet in der Stille, für dich und für mich.

Die verborgene Weisheit der Routine

Die Routine, sie schleicht leise um jedes Haus,
Mit ihrer Wiederholung wiegt sie uns in Sicherheit,
Doch in ihrem eintönigen Strahl liegt mehr als der Schein,
heraus,
Verborgen in den Schatten, findet man die Weisheit,
bereit.

Tag ein, Tag aus, immer der gleiche Schritt,
Theatralisch in ihrer Unveränderlichkeit,
Doch in jedem Moment, in dem das Leben sitzt,
Verbarg sich Weisheit in ihrer Beständigkeit.

In der Wiederholung wächst unsere Stärke, tief,
Durch die Vertrautheit entsteht eine Melodie,
und in der Monotonie, durchdringend und schief,
Findet man Ruhe, Balance und Harmonie.

So lasst uns die Weisheit der Routine ehren,
In Einfachheit, Unscheinbarkeit und in der Stille,
Sie lehrt uns, das Echte zu begehren,
Verleihend unserem Leben tieferen Sinne und Fülle.

Glühwürmchen im Grauen

Im Grauen der Nacht, leuchtend und weich,
Die kleinen Glühwürmchen ihren Weg sich bahnen,
Ein Stück Hoffnung, in der Dunkelheit reich,
Sie leuchten, sie tanzen, sie ziehen ihre Bahnen.

Jedes Licht, ein Funke des Lebens, hell,
Gegen die graue Dunkelheit, sie ankämpfen,
Mit zartem Glühen, in ihrem stimmungsvollen Schnell,
Scheinen sie gegen das Unbekannte zu dampfen.

In ihrer Feinfühligkeit, ihrem Sein, ihrem Strahl,
Schaffen sie in unserem Herzen ein Bild,
Ein Funken Hoffnung, im Dunkeln immer zu frei,
Die Glühwürmchen tanzen, ihre Schönheit ist wild.

So leuchten wir, in Anwesenheit der Nacht,
Wie Glühwürmchen, in der Dunkelheit, vertraut,
Mit jedem Licht, das wir jemals gebracht,
Sind wir ein Teil des Leuchtens, das den grauen Himmel durchschaut.

Sinfonie der Stille

Im dunklen Saal der Ewigkeit,
Betört von süßer Stille Sinfonie,
Jedes Herz schweigt stressbeladen,
Jeder Gedanke erlischt unter der sanften Melodie.

Lausche, wie die Noten fallen,
Wie Regentropfen in der verlassenen Nacht,
Weißt du die weiche Melodie zu deuten,
Hört sie auf, wenn die Morgendämmerung erwacht.

Im Lied der leisen Windeslüfte,
In der sekundenstillen Schöpfungsharmonie.
Verliert sich jeder Schmerz, jede Wut,
In der Sinfonie der Stille folgt des Lebens Poesie.

Und so bleibt man im Saal zurück,
Mit Stille im Herzen und Frieden im Blick,
Den echoenden Klang noch in den Ohren,
Gebannt von der Sinfonie, die man nie zuvor konnte hören.

Abendrotzweisprache

Wenn der Himmel sich im Abendrot badet,
Und der Tag in der Zweitsprache redet,
Silhouette von Zärtlichkeit in der Luft schweben,
Ein Gedicht von Liebe beginnt zu leben.

Die Sonne malt auf den Himmel ein Versprechen,
In Farben die kaum zu erreichen,
Mit Pinselstrichen, leuchten wie ein Traum,
Ein Meisterwerk, verloren im Raume.

Sterne flüstern Geschichten ins Ohr der Nacht,
Leise Worte, in der Stille gebracht.
Sie sprechen in der Sprache des Abendrots,
Erzählen von Liebe, Leben und Tod.

Und wenn der Himmel sein Versprechen hält,
Sprechen wir in der Sprache dieser Welt,
In der Abendrotzweisprache, leise und fern,
Lesen wir das Wörterbuch der Sterne.

Das Universum im Teelöffel

Auf schimmerndem Silber, in kleiner Gestalt,
Spiegelt sich das Universum, so alt.
Jeder Stern, jeder Planet im Raum,
Einen Teelöffel vom Unendlichen kaum.

Im kleinen Spiegel, so klar und rein,
Scheint die Ewigkeit so klein.
Das dunkle Nichts, die helle Vakuität,
Ein Teelöffel voller Unendlichkeit.

Mit den Sternen zu löffeln den kosmischen Tee,
Im Traum einer anderen Realität vielleicht sehe,
Ein Universum, im Teelöffel bereit,
Fantasie mischt sich mit Wirklichkeit.

Alle Sterne, in zartem Silber gespiegelt,
Ein Universum im Teelöffel gepiegelt.
Betrachten wir den Himmel, raumlos und endlos,
Liegt das ganze Universum in unseren Händen bloß.

Silhouetten der Normalität

Im Schatten des Alltags, in grauer Monotonie,
Leben wir in Silhouetten der Normalität, welche Ironie.
Angeschlossen an das nonchalante Schauspiel des Lebens,
Sind wir nur schwerelose Statuen in vertrautem Beben.

Die Kontur unserer Gleichgültigkeit, hart und starr,
Silhouetten der Einfachheit, still und klar.
Verlieren uns im Kreislauf der eintönigen Tage,
Suchen nach Antworten, die niemand zu stellen wage.

Im Meer der Unterschiedlichkeit, schwimmt die Gleichheit omnipräsent,
Unter dem Mantel der Einförmigkeit, wird Individualität plötzlich fremd.
Umgeben von den Silhouetten der stummen Normalität,
Bleiben wir versteckt, im Schemen der Alltäglichkeit.

Inmitten von Schatten, gemalt von der Hände Arbeit,
Finden wir Schönheit in den Silhouetten der Normalität.
Auf der Leinwand des Lebens, farblos und abstrakt,
Spiegelt sich die Einfachheit, in jeder Tat.

Gedanken in den Schubladen

Tief verankert, wo die Sterne schlafen,
Sind Gedanken, die in Schubladen ruhen,
Warten still auf die Seele, sie zu ergreifen,
Und auf Augen, die ihre Schönheit spüren.

Jede Schublade trägt eine Geschichte,
Jeder Gedanke, ein ungeöffnetes Buch,
Allein im Dunkel, gespeichert in der Nichte,
Zeitlos, doch immer auf der Suche.

Geheimnisse, vergessen und versteckt,
Warten still im Herzen der Nacht,
Jedes Gedicht, sorgfältig ins Gehirn gesteckt,
Wartet ruhig auf seine Macht.

Gedanken in den Schubladen, flüsterleise,
Schlummern zart in der Tiefen Schweigen,
Bis der Moment kommt, so weise,
Und sie sanft ans Licht uns zeigen.

Gebrochene Lichter des Alltags

Die Lichter des Alltags, gebrochen und bleich,
Flackern leise in der Dunkelheit, so gleich,
Hinter dem grauen Vorhang der Zeit,
Erzählen sie Geschichten voller Realität.

Verloren zwischen Hoffnung und Verzweiflung,
Tanzen sie im Takt der endlosen Schleifung,
In ihren Farben, mal hell, mal dunkel,
Erzählen sie Geschichten, mal eng, mal rund.

Jedes Licht, eine Erinnerung, eine Träne,
Erzählt von Schmerz, von Lächeln, von Sehne,
In der Stille der Nacht, beginnen sie zu sprechen,
Im Tanz der Schatten, ihre Wahrheit zu verstecken.

Die gebrochene Lichter des Alltags, so zart,
Sind wie die Melodie des Lebens, so hart,
Sie sind Zeugen der Zeit, in jedem Augenblick,
Sind Träger der Hoffnung, unseres Glücks.

Stimme der Stille im Alltag

Die Stimme der Stille, so leise im Alltag,
Erzählt Geschichten, jenseits des sichtbaren Pfad,
Flüsternd in den Wind, so fein und klar,
Berührt die Herzen, lässt alles andere da.

Ihre Melodie, voller Geheimnisse und Rätsel,
Trägt uns fort, auf Federn und Bretter,
Über die Wolken, jenseits der Illusion,
Bis zum Kern des Seins, unserer tiefsten Vision.

Sie spricht in dem Lärm, in der tiefsten Stille,
Und jede Note singt ihre eigene Fülle,
Jedes Lächeln, jede Träne, jedes Lied,
In der Stille der Stimme, wo alles fließt.

Die Stimme der Stille im Alltag, so rein,
Spricht die Sprache der Liebe, des Seins,
Sie ist die Brücke zwischen Herz und Seele,
Der Ort der Erkenntnis, wo alles sich enthülle.

Eintausend Strahlen des Mondes

Der Mond scheint hell in der Nacht,
Seine Strahlen tanzen mit Anmut und Pracht,
Eintausend Strahlen, zart wie Gewebe,
Erzählen Geschichten von Liebe und Lebe.

Jeder Strahl, eine sanfte Berührung,
Trägt in sich die Sehnsucht, die Führung,
In den Seelen der Menschen, im Herzen der Welt,
Erzählt er die Geschichten, die niemand erzählt.

Die Silhouette der Bäume, im silbrigen Licht,
Erzählt von Ruhe, von Hoffnung und Sicht,
Die Nacht scheint heller, durch den Strahl des Mondes,
Ihre Dunkelheit bricht, durch die tausend Sonnenrondes.

Eintausend Strahlen des Mondes, so klar,
Erleuchten die Dunkelheit, machen das Unsichtbare wahr,
In ihrem Licht, so zart und so lieb,
Leben wir unsere Träume, jeden Augenblick sieb.

Lebensflügel

Mit Schwingen der Hoffnung fliegen,
Einfach durch den Tag leicht siegen,
Zwischen Wolken ist das Ziel,
Leben wird zum sanften Spiel.

Lebensflügel schlagen hart,
Gegen Winde, gegen karge Art,
Hoch über Ängsten ohne Bedacht,
Wo das Herz unaufhörlich lacht.

Unter dem Himmel, wild und frei,
Pickt das Glück - oh, es sei!,
Mit Flügeln des Lebens in das Licht,
In unseren Herzen bricht Nacht nicht.

Im Universum schweben wir dann,
Im ewigen Tanz, Leben als Pfann',
Lebensflügel, stark und wahr,
Tragen uns überall, sogar über das Meer.

Die beruhigende Berührung des Windes

Ein leises Flüstern um die Ohren,
Sanft wie der Kuss der Morgenröte geboren,
Der Wind heilt Wunden, streichelt leicht,
Seine Berührung ein sanftes Lied, das uns erreicht.

In Blumenfeldern schaukelt er uns ein,
Bis wir träumen, bei Mondenschein,
Er streichelt die Seele mit Zärtlichkeit,
Seine Berührung ist sanfter als die Fröhlichkeit.

In den Bäumen weht er Lieder,
Spürt die Freiheit, kehrt immer wieder,
Die beruhigende Berührung, so weich, so fein,
Lässt uns sein, in Glück und Schein.

Der Wind, ein Freund, ein süßer Trost,
In seinem Lied, die Sorgen verrost,
Die beruhigende Berührung des Windes, so frei,
Führt uns sanft in die Nacht, bis der Tag neu sei.

Dämmerungsespressos

Die Sonne sinkt, der Mond ist hell,
Die Sterne glitzern, ein schönes Spiel,
Sitzen wir da, mit dem Espresso im Kopf,
Die Dämmerung zieht vorbei, in Müdigkeit getopft.

Versunken in Gedanken, tief und schwer,
Der Espresso stärkt, bringt etwas Verkehr,
In der Dämmerung, bei klaren Sinnen,
Beginnt das Leben, seine Geschichten zu spinnen.

In der wachen Dunkelheit, Nacht erwacht,
Hält der Espresso uns warm, in seidiger Pracht,
Dämmerungsespressos, bittersüßer Wein,
Leuchten im Dunkeln, Teelicht im Schein.

Mit jenem Trunk, der Geist erwärmungsfähig,
In der Stille, wird die Nacht erlebbig,
Dämmerungsespressos, süß ist die Notte,
Genießen die Stille, in des Nachthimmels Grotte.

Original Title: Echo der Götter

Copyright © 2024 Book Fairy Publishing
All rights reserved.

Editors: Theodor Taimla
Autor: Claudia Kuma
ISBN 978-9916-39-585-1

Meinungen des Midgard

Midgard, Erde, Urweltmitte,
Wo Menschen hoffen, lieben, streiten,
Jede Meinung ringt ums Wort,
Ein Wirbel, bunt und ungehört.

Hier, wo Vielfalt Wurzeln schlägt,
Wo jede Stimme ihr Recht erhebt,
Blickt Asgard auf das bunte Treiben,
Lässt unsre Worte ewig bleiben.

Das alte Epos, Lied der Zeit,
Singt von Menschen und ihrem Streit,
Doch Harmonie inmitten laut,
Wo Verstand auf Weisheit baut.

Die Götter schau'n mit mildem Blick,
Den Midgard's Kindern Glück und Geschick,
In jedem Wort, in jedem Klang,
Erwächst der Welt ein neuer Sang.

www.ingramcontent.com/pod-product-compliance
Lightning Source LLC
LaVergne TN
LVHW020421070526
838199LV00003B/227

Bemalte Lieder von Routine

Die Sonne steht hoch, der Tag erwacht,
Faltet die Nacht, mit sanfter Macht,
Routine beginnt, ein immerwährendes Lied,
Gemalt mit Farben der Gewohnheit, die sied.

Tägliche Ordnung, ein geordnetes Band,
Wie Notenblätter, in der Hand,
Bemalte Lieder, Tag für Tag,
Routine umhüllt, mit liebevollem Schlaf.

Repetition, ein süßer Tanz,
In jedem Augenblick, ein funkelnder Glanz,
Bemalte Lieder, in Tinte von Routine gegossen,
Erheben das Normal, in Farben umflossen.

Der Tag endet, die Nacht fließt herein,
Synkopen schweigen, in Mondschein,
Im bemalten Lied der Routine Zelt,
Singt die Stille, die Welt.

www.ingramcontent.com/pod-product-compliance
Lightning Source LLC
LaVergne TN
LVHW020421070526
838199LV00003B/228